DU

RETRAIT SUCCESSÓRAL

RECHERCHES SUR L'ORIGINE DE L'ART. 841, C. N.

PAR

Albert DESJARDINS,

Agrégé à la Faculté de Droit de Paris

Extrait de la REVUE PRATIQUE DE DROIT FRANÇAIS
(Nos des 1er et 15 décembre 1870.)

PARIS

A. MARESCQ AÎNÉ, LIBRAIRE-ÉDITEUR

17, RUE SOUFFLOT, 17

1871

F

DU

RETRAIT SUCCESSORAL

(RECHERCHES SUR L'ORIGINE DE L'ART. 841.)

F

DU

RETRAIT SUCCESSORAL

RECHERCHES SUR L'ORIGINE DE L'ART. 841 C. N.

PAR

Albert DESJARDINS

Agrégé à la Faculté de droit de Paris

Extrait de la REVUE PRATIQUE DE DROIT FRANÇAIS
(Nᵒˢ des 1ᵉʳ et 15 décembre 1870.)

PARIS

A. MARESCQ AÎNÉ, LIBRAIRE-ÉDITEUR
17, RUE SOUFFLOT, 17

1871

DU RETRAIT SUCCESSORAL.

(Recherches sur l'origine de l'art. 841 C. N.)

1. — Nous avons cherché, dans l'ancien droit, l'origine du *retrait de droits litigieux;* nous y cherchons maintenant celle du *retrait de droits successifs* ou *retrait successoral*, établi par l'art. 841 du Code Napoléon.

Les deux recherches se tiennent étroitement. La faculté reconnue à un cohéritier d'écarter du partage le cessionnaire de son cohéritier, en lui remboursant le prix de la cession, a été regardée, en général, par les parlements et par les jurisconsultes, comme une conséquence de la faculté reconnue à celui contre qui était réclamé un droit litigieux de se faire subroger au cessionnaire de ce droit. C'est toujours à propos des droits litigieux, non à propos des successions, qu'il en est traité dans les livres généraux sur le droit, dans les recueils d'arrêts (1), excepté à la fin du dix-huitième siècle (2).

Cette faculté, ne s'étant introduite que comme conséquence, est restée longtemps au second rang et dans l'ombre. Elle a été peu étudiée par les jurisconsultes. Un grand nombre et des plus distingués n'en ont rien dit. Il nous suffira de citer Domat, Pothier, Bourjon. Une institution sur laquelle ils ont gardé le silence ne devait pas avoir une très-grande importance; soit dans la théorie, soit dans la pratique.

Sous l'empire du Code, le retrait successoral et le retrait de droits litigieux ont été séparés l'un de l'autre; c'est le premier qui s'est développé, qui a fixé le plus l'attention des jurisconsultes.

2. — L'expression commode de *retrait successoral* est usitée aujourd'hui, comme celle de *retrait litigieux*. Jadis la double faculté que nous désignons ainsi ne rentrait pas parmi les re-

---

(1) V. notamment Brillon, *Dictionnaire des arrêts*, nouv. éd. 1727. — Il fait, au mot *Succession*, un article sur la *vente* de droits *successifs*; mais c'est aux mots *Droits litigieux* qu'il s'occupe de notre sujet.

(2) Denisart, v° *Droits successifs.* — Nouveau Denisart, v° *Cession de droits successifs.*

traits proprement dits. C'est au dix-huitième siècle qu'elle en
a reçu le nom. Nous avons cité précédemment Pothier, par-
lant des droits litigieux. Ici nous citerons Denisart : « C'est
une espèce de *retrait* qui a lieu en faveur de l'héritier dans
ces sortes de vente (1). » La même expression se présente
avec moins de ménagement dans le nouveau Denisart : « Cette
aliénation donne ouverture à une espèce de *retrait* qu'on peut
appeler *successoral* (2), et le *retrait successoral* revient à plusieurs reprises.

Nous examinerons : 1° quand et où s'est établi le retrait successoral; 2° comment il s'est fait admettre ; 3° de quelle manière il a été organisé; 4° s'il a été étendu en dehors des successions.

3. — I. Le plus ancien arrêt du Parlement de Paris qui ait
autorisé un héritier à rembourser le cessionnaire de son cohéritier est de 1521 (3). Mais il ne fit pas jurisprudence. Il fut
plutôt oublié que suivi, car les auteurs n'en font pas mention
en général. A la fin du même siècle, la même règle fut posée
dans un arrêt de 1595 (4). Cet arrêt est, au contraire, fré-
quemment cité avec un autre de 1578 (5). Cependant il est
vraisemblable que la question ne parut point encore tranchée
d'une manière définitive; elle se représenta, en 1613, devant
le Parlement de Paris et donna lieu à un débat où l'avocat
général Servin porta la parole. Servin regarda le cas comme
nouveau et n'invoqua point les précédents arrêts; mais il fit
juger dans le même sens (6). C'est à la décision de 1613 que
nos anciens auteurs renvoient le plus souvent. Elle fit loi dans
le ressort de Paris. Une décision de 1624, qui semble con-

(1) *Loc. cit* , n°ˢ 9 et 12.

(2) *Loc. cit.*, § 4, « Du droit de *retrait* qu'ont les cohéritiers du cédant. »

(3) Brillon, *loc. cit.*

(4) Charondas le Caron, *Pandectes du droit français*, ch. xxix. — Chenu,
Quest. 99.

(5) Cet arrêt n'est pas relatif à une cession de droits successifs. — Le
nouveau Denisart, *l. c* , n° 3, cite des arrêts de 1588 et 1589, dont il ne
donne pas le texte et ne fait pas connaître les circonstances.

(6) *Actions notables et plaidoyers de messire Louis Servin*, Paris, 1631,
3ᵉ partie, fol. 35.

traire (1), ne produisit aucune impression. La faculté de remboursement fut considérée comme irrévocablement établie par la jurisprudence. Mais il faut que les tribunaux renouvellent de temps en temps l'autorité des règles qui viennent et dépendent d'eux. Celle qui nous occupe fut de nouveau consacrée en 1738, en 1750 (2) et en 1770 (3).

Elle ne recevait cependant pas d'application, même dans le ressort du Parlement de Paris, quand elle était ou paraissait être en contradiction avec une coutume locale (4). La coutume d'Auvergne était regardée comme l'excluant formellement (5).

A plus forte raison le retrait successoral n'était-il pas nécessairement admis dans les autres ressorts. « Les tribunaux de Belgique ne l'ont jamais reconnu, dit Merlin (6), et il y a encore bien d'autres provinces où il est absolument ignoré. » Le Parlement de Dijon le rejeta par deux arrêts de 1737 et 1738 (7).

4. — Les jurisconsultes ne songèrent pas, pour la plupart, à contester la faculté de remboursement que la jurisprudence accordait aux cohéritiers du cédant. Il aurait toujours fallu qu'ils s'inclinassent, dans la pratique, devant les Parlements, qui n'avaient pas seulement le pouvoir de juger, qui parti-

(1) Henrys, 6ᵉ éd., Paris, 1771, t. II, p. 177, liv. IV, ch. II, quest. V, nᵒ 4.

(2) Denisart, l. c., nᵒˢ 10 et 11.

(3) Merlin, *Questions de droit*, vᵒ *Droits successifs*, § 2. — Denizart vᵒ *Per diversas*, nᵒ 2, rapporte cependant un arrêt de 1768 qui n'admet pas la subrogation entre parties appartenant au ressort de la coutume du Maine; mais cet arrêt ne paraît pas avoir été fondé sur cette circonstance.

(4) Id., *Répertoire*, vᵒ *Droits successifs*, IX.

(5) Le ch. XXIII, art. 23, porte que le retrait n'a lieu « en vendition de succession universelle. » Il est fort peu probable que l'on ait fait cet article pour exclure le retrait successoral, inconnu au moment où la coutume fut rédigée. On ne lui en avait pas moins donné ce sens (N. Denisart, *loc. cit.*, nᵒ 12).

(6) *Rép.*, vᵒ *Retrait de cohéritier*.

(7) *Traité sur diverses matières de droit françois à l'usage du duché de Bourgogne*, par Davot, avec des notes de Bannelier, 2ᵉ éd., Dijon, 1788, t. II, p. 759, note 1428.

cipaient en outre à l'exercice du pouvoir législatif. Mais ils auraient pu invoquer contre ceux-ci, et pour les faire revenir sur leurs décisions, le propre texte et le vrai sens des lois romaines; ils auraient pu combattre le principe de la subrogation en lui-même. Ils se bornèrent à constater et à suivre la jurisprudence.

Il n'y eut de résistance de la part de la théorie que là où la pratique repoussa la subrogation. Le commentateur de la coutume de Bourgogne, Bannelier, l'attaqua de la manière la plus vive, comme « un pur passe-droit (1). » Nous aurons à revenir sur ses arguments.

5. — Malgré l'opposition de quelques coutumes, de quelques parlements, de quelques jurisconsultes, le retrait successoral passa dans le droit commun de la France, sous la double influence du Parlement de Paris et des lois romaines auxquelles celui-ci donnait une fausse interprétation ou tout au moins une extension forcée. Despeisses, qui nous fait connaître l'état du droit écrit, l'admet en renvoyant purement et simplement aux auteurs qui commentent la coutume de Paris ou rapportent la jurisprudence du Parlement de Paris (2).

6. — II. Quelles furent les raisons et les autorités qu'invoquèrent les cours et qu'acceptèrent les jurisconsultes? Un long temps se passa avant que leur doctrine fût arrêtée, si leur règle fut promptement posée.

Des considérations de fait semblent avoir décidé les juges qui rendirent le premier arrêt, en 1521 : « Le motif, dit Brillon (3), fut qu'il (le cessionnaire) avait recherché ce transport, étant à cette fin allé sur les lieux. » L'arrêtiste fait observer que la succession n'était point litigieuse par elle-même; que le cessionnaire n'était ni avocat, ni procureur, ni solliciteur.

D'après l'interprétation de Charondas, l'arrêt de 1595 est fondé sur une raison de droit; il se rattache aux lois *Per divers* et *Ab Anastasio*. Charondas se demande si ces lois sont re-

_____

(1) *Loc. cit.*
(2) Part. I, tit. I, sect. II, nº 1. — V. req. 20 mars 1828. — D. A., vº *Succession*, nº 1806.
(3) *Loc. cit.*

çues en France et répond que le Parlement de Paris fait une distinction. Il ne les applique pas à la cession d'une dette particulière ou d'une rente : « Mais si ledit transport était fait d'un droit successif *prétendu par un héritier, et à partir et diviser contre un cohéritier*, en ce cas lesdites lois sont reçues (1). » Un droit indivis sur un ensemble de biens est regardé comme essentiellement litigieux, sans doute parce qu'il est susceptible de devenir tel (2).

Le Parlement de Bretagne avait eu aussi la pensée d'assimiler la cession des droits successifs à celle des droits litigieux, quand il avait, en 1562, « déclaré nul un transport de droits successifs fait à un juge, le condamnant en trente livres d'amende envers le roi et vingt *envers la partie*, sans note d'infamie pour cette fois, et défendu à tous juges d'acheter et prendre cession des droits successifs non liquidés, ni *des parties litigantes*, sur peine de suspension de leurs droits (3). »

Il est impossible que l'arrêt de 1595 n'ait pas été connu de Servin ; il est certain qu'il n'en goûtait pas la doctrine, puisqu'il en exposa une très-différente; voilà peut-être pourquoi il ne s'en prévalut pas devant le Parlement qui l'avait rendu.

Les demandeurs en subrogation, peu assurés de leur droit, soutenaient « que l'achat fait par Fournier (le cessionnaire) n'était point tant d'une hérédité comme pour faire des procès; » mais du reste ils invoquaient les lois d'Anastase et de Justinien. Voici comment Servin s'expliquait sur ce dernier moyen : les deux lois, d'après lui, « auraient été ci-devant gardées pour avoir lieu tant seulement contre les avocats et procureurs du palais ou contre ceux qui sont appelés aux livres des lois romaines *potentiores*. » Mais cette dernière application lui paraissait erronée, parce que, la France étant soumise à une monarchie héréditaire, nul n'était assez puissant

---

(1) *Loc. cit.*

(2) Un des arguments donnés par l'arrêt de 1779 est que des droits successifs, « surtout quand ils sont indivis, peuvent devenir litigieux » (Merlin, *Quest. l. c.*, § 2).

(3) Brillon, *l. c.* — Cf. *Les plus solennels arrêts et règlements donnés au Parlement de Bretagne*, Dufail, Mathurin et Michel Sauvageau. Nantes, 1715, t. 1, p. 516. — *Arrêts d'audience*, liv. 1, ch. 629.

pour échapper au droit commun. Il cherchait si, conformément aux actions utiles des Romains, « la raison de ces lois devait avoir lieu en cette controverse. » Sans doute, un acheteur pouvait invoquer sa bonne foi, « n'étant même de la condition des hommes du palais, contre lesquels l'Anastasienne avoit été pratiquée; » mais l'avocat général prouvait, en citant l'Écriture, que les cas nouveaux « requièrent des lois nouvelles pour le retranchement des péchés. » Il demandait à la Cour d'appliquer la doctrine de Jésu, fils de Sirach, rapportée au 20e chapitre de l'Ecclésiastique, « quand il dit que *le pécheur qui transgresse les commandemens tombera en obligation et que celui qui poursuit ou entreprend beaucoup d'affaires..... cherra en procès.....* laquelle (doctrine) doit avoir lieu contre les acheteurs d'hérédités ou actions, et principalement contre ceux qui, *se confiant en quelques ports ou faveurs de leurs proches ou autres*, prennent des cessions de droits pour entrer ès secrets d'une famille d'où ils ne sont point, et s'approprier les biens d'icelle en expropriant et venant les vrais héritiers par achat qu'ils font de leurs cohéritiers à marché (1). » En supposant que le cas présent ne soit point prévu par une loi positive, les magistrats doivent se rappeler que le législateur statue *in universum*, suivre son exemple, interpréter ses dispositions, comme ils feraient pour une convention privée et y faire rentrer les choses qui ont été laissées en dehors. « Et, partant, nous qui, comme gens du Roi, devons jeter l'œil sur cette équité par considération du sens probable des bons législateurs qui ont fait la constitution Anastasienne, estimons qu'il la faut étendre par exemple et au fait qui se présente. »

Telle est la partie du plaidoyer consacrée à la thèse de droit. Observons que l'avocat général faisait encore une assez large part aux faits; il parlait de ceux qui se confient aux faveurs de leurs proches, parce que Fournier, le cessionnaire, avait un oncle dans le haut clergé; ce Fournier avait profité de ses relations pour faire poursuivre criminellement et emprisonner ses deux adversaires, comme ayant empêché le grand-vicaire de pénétrer auprès du défunt; Servin, dans l'exposé de la cause, relevait cette persécution d'un spécula-

(1) *A marché (sic)*; il faut lire sans doute : *à bon marché.*

teur en crédit. Quoi d'étonnant, du reste, si les faits étaient
un peu mis à la place du droit, quand on invitait la magistrature à user d'un pouvoir que n'engageait et ne limitait
aucune loi? Servin reconnaissait, proclamait que les lois *Per
diversas* et *Ab Anastasio* ne comprenaient pas la cession d'une
part indivise dans une hérédité; il était si loin de les étendre par simple interprétation qu'il ne leur laissait même pas
leur véritable portée; il voulait que la magistrature donnât
une action utile, comme autrefois le préteur, ou qu'elle com-
blât une lacune. Pour l'y décider, renonçant à l'autorité du
droit romain, il invoquait, selon l'esprit de son temps et les
habitudes du palais, des textes saints détournés de leur sens
et des considérations d'équité. Ces dernières seules doivent
fixer notre attention : l'équité veut que les secrets des familles soient protégés contre une curiosité illégitime, les droits
des cohéritiers contre les vexations des spéculateurs. Le Parlement se rendit à de telles raisons; il accorda la subrogation
aux cohéritiers du cédant.

Ainsi trois systèmes différents s'étaient présentés devant les
magistrats : le premier, faisant dépendre des faits la décision
de chaque procès, le second appliquant purement et simplement les lois *Per diversas* et *Ab Anastasio* aux droits successifs,
considérés comme litigieux, tant qu'ils étaient indivis; le troi-
sième, constatant que la cession d'une part héréditaire non
liquidée n'était point régie par ces lois; mais reconnaissant
aux tribunaux le pouvoir et leur donnant le conseil de les appliquer à un cas pour lequel elles n'étaient point faites. Ces
deux derniers systèmes n'étaient pas seulement différents; ils
étaient contraires l'un à l'autre.

7. — Ils se réunirent cependant pour former la doctrine
commune de notre ancien droit. Les jurisconsultes ratta-
chaient, nous l'avons dit, aux droits litigieux les droits successifs, à la faculté de se faire subroger aux premiers celle
de rentrer dans les seconds. Ce n'est pas seulement l'ordre suivi
dans leurs écrits qui en fait loi; ils plaçaient expressément le
droit du cohéritier sous la protection des lois *Per diversas* et *Ab
Anastasio*. Mais en même temps ils le fondaient sur deux motifs : l'un, emprunté aux cessions de droits litigieux, était la
nécessité de protéger certaines personnes contre les vexations
des spéculateurs; l'autre, auquel n'avaient jamais pensé Anas-

tase et Justinien, était qu'il fallait défendre les secrets des familles.

8. — L'indépendant et sagace Lebrun revient à la doctrine de Servin; il rend à la règle de la jurisprudence son vrai caractère : « Nous avons, dit-il (1), *étendu* jusque-là les lois *Per diversas* et *Ab Anastasio, C. Mand.,* quoiqu'elles ne *parlent point de ces cas,* ce que nous avons fait, par cette raison qu'il y a ordinairement de la vexation ou un extrême intéressement de la part de l'étranger envieux d'apprendre les affaires d'autrui : *Curiosus nemo quin sit malevolus* (*Plaut., Stich.,* 1, 3). » Lebrun, détachant la règle relative aux droits successifs de la règle relative aux droits litigieux, ne donne plus à la première qu'un seul motif, celui qui ne lui est pas commun avec la seconde, ou tout au moins, s'il parle de la vexation, il la fait consister dans la curiosité même.

Il veut étendre cette règle en même temps qu'il l'isole, et parce que, en l'isolant, il aperçoit, pour la première fois, un motif de plus : « Je voudrais, dit-il (2), étendre cela au cas même qu'il n'y ait rien de litigieux entre les cohéritiers, ou que le partage ait été fait par le testament du père et que les enfants se soient soumis à son exécution; qu'enfin il n'y ait point de discussion pour les biens de la succession et qu'il ne paraisse non plus aucune dette : *parce qu'il peut survenir dans la suite des difficultés et qu'il reste toujours les garanties dont on compose plus facilement entre cohéritiers.....* Enfin, j'estime que cette subrogation des héritiers a lieu, au cas même que la vente soit faite, après que le partage a été exécuté et consommé, *par la même raison qu'il peut survenir des difficultés et des garanties.* » L'extension proposée par Lebrun ne fut pas admise, soit que la jurisprudence hésitât à restreindre encore davantage et sans nécessité la liberté des conventions, soit que le motif indiqué ici soit trop nouveau pour se faire accepter comme un principe entraînant une si rigoureuse conséquence, soit plutôt que tout moyen d'étendre les lois *Per diversas* et *Ab Anastasio* fît défaut, quand il s'agissait de droits qui, n'étant pas soumis à un partage, à une liquidation, n'avaient, même en ap-

(1) *Traité des successions,* 1e édit., 1735, p. 669. — Liv. IV, ch. II, sect. III, n° 66.

(2) *Ib.,* n° 67.

parence et d'une manière éventuelle, aucun caractère litigieux.

La doctrine empruntée par Lebrun à Servin est reproduite par les derniers auteurs du dix-huitième siècle; il est bien constaté que la subrogation aux droits successifs est établie par la jurisprudence et ne résulte pas des lois romaines (1). Quant aux motifs, ce sont encore ceux de Lebrun qu'on s'approprie. La haine des acheteurs de procès n'est pour rien dans l'établissement de la règle, dit-on (2). Qu'on est loin de ce temps où l'on comparait le cessionnaire de droits successifs au cessionnaire de droits litigieux! Il faut protéger les secrets des familles : il faut « prévenir les vexations que pourrait faire essuyer aux héritiers ce même étranger, qui, n'étant lié à eux ni par le sang, ni par l'amitié, ni par le respect commun pour le même auteur, n'aurait pas les mêmes raisons de les ménager qu'avait son cédant (3). » Ce second motif ne sert plus à étendre la règle, comme dans Lebrun, mais seulement à la justifier. Il est du reste fort loin d'avoir la même importance que le premier. C'est toujours le désir de garantir les secrets de la famille qui est mis en avant, qui suffit pour entraîner les décisions de la magistrature et des jurisconsultes (4).

L'auteur qui attribuait l'introduction du retrait successoral « à des considérations particulières et à des raisons de convenance (5) » ne se trompait pas; il avait seulement le tort d'émettre une proposition trop vague.

0. — Les objections ne manquèrent pas contre la jurisprudence. A Paris même les cessionnaires ne se décidèrent pas facilement à se tenir pour battus. Ils représentèrent que le

---

(1) Denisart, l. c., nᵒˢ 9 et 10, quoiqu'il ait tort de dire, au nᵒ 13 : « La subrogation... est aussi établie par les lois *Per diversas* et *Ab Anastasio.* » — N. Denisart, l. c., nᵒ 2. — Flaust, *Explication de la coutume et de la jurisprudence de Normandie*, 1781, t. II, p. 311 : *Des retraits et clameurs,* th. XII, § 2. — Cf. Merlin, *Rép.*, vᵒ *Retrait de cohéritier.*

(2) N. Denisart, l. c., nᵒ 6. — Merlin, *Quest.*, l. c., § 1.

(3) N. Denisart, ib.

(4) V. tout l'article, ib.

(5) Merlin, *Rép.*, vᵒ *Retrait de cohéritier.* — Cf. M. Demolombe, *Traité des successions*, t. IV, nᵒ 3.

droit acquis par eux n'avait rien de litigieux (1); que leur acquisition était licite, en conséquence, par la raison écrite du
droit romain, qui permettait d'acheter une hérédité ou une
action (2), qui prohibait seulement les actes de ce genre faits
dans une intention mauvaise, *vexandi animo* (3), ils se met-
taient enfin à l'abri de la liberté des conventions (4).

Les arguments d'un jurisconsulte méritent plus d'attention
que ceux d'une partie intéressée. Bannelier dirigea contre
la jurisprudence du Parlement de Paris, qui devenait le droit
commun du royaume, une attaque dont la plus grande partie
pourrait être reproduite aujourd'hui : « 1° C'est trop gêner le
commerce, disait-il (5); 2° un cohéritier faible n'aura donc pas
de ressource contre des cohéritiers plus accrédités, s'il ne peut
céder ses droits à un tiers; 3° les cohéritiers ont la voie du retrait lignager, en ce qui est des fonds; 4° le prétexte de décou-
vrir les secrets d'une famille ne serait-il pas le même, quand
des créanciers exercent les droits et actions de leur débiteur
ou qu'il fait faillite? » Il soutenait qu'il n'y avait pas de loi ro-
maine applicable à la cession de droits successifs; que le plaidoyer de Servin et l'arrêt de 1613 ne tendaient pas à l'établissement d'une règle générale; que l'un était prononcé, l'autre
rendu en vue d'une espèce déterminée, d'un cas de fraude.
Or, lui-même admettait la subrogation, quand les circonstances prouvaient la fraude de l'acquéreur. Chose remar-
quable! il retenait le motif qui, dans la pratique de Paris,
n'avait aucune importance, « le motif de vexer et molester par
procès les vrais héritiers, » et rejetait celui qui semblait à la
plupart irréfutable, le motif du secret.

10. — Nous croyons qu'il ne peut y avoir aucun doute sur
l'origine du retrait successoral. Cependant nous devons dire
quelques mots de deux idées exprimées de nos jours.

On a pensé que, d'après quelques jurisconsultes, le retrait
successoral pouvait venir du droit reconnu, soit par certaines
lois romaines, soit par certaines coutumes, au copropriétair

(1) Brillon, *l. c.*
(2) Servin, *l. c.*
(3) Henrys, *l. c.*
(4) Denisart, *l. c.*, n° 10.
(5) Lor. cit.

de racheter la part indivise qu'aurait vendue son copropriétaire. Il est vrai que Baunelier se demande si l'origine de la subrogation n'est pas dans *le retrait de bienséance et communauté* (1). Mais c'est en passant qu'il se pose la question, quand il parle de ce retrait; il attache à cette conjecture si peu d'importance qu'il ne la reproduit pas quand il traite *ex professo* et en plusieurs pages de la subrogation. L'ancienne jurisprudence n'a songé nullement à faire aux droits successifs l'application d'une règle posée pour les droits indivis dans une chose singulière; on s'est plutôt préoccupé d'étendre à ces droits indivis la règle déjà posée pour le transport d'une part héréditaire non liquidée (2).

Un autre système a été présenté par M. Rodière (3) : « L'origine, dit-il, n'est pas douteuse : le retrait successoral, inconnu des jurisconsultes romains, fut le produit des mêmes idées qui, dans la France coutumière, avaient fait admettre le retrait lignager, c'est-à-dire qu'il eut pour principal but la conservation des biens dans les mêmes familles. » Le savant professeur considère la faculté de retraire comme « une des conséquences de la saisine conférée aux héritiers du sang. » Il en fait quelque chose d'analogue au droit d'accroissement, quand il représente que « l'héritier puise naturellement l'avantage d'appréhender au moyen du retrait une part plus considérable « dans son droit, au moins éventuel, à l'universalité des biens. » Il développe, d'une manière ingénieuse, une idée ingénieuse en elle-même, mais il ne parvient pas à se mettre d'accord avec les faits.

11. — III. Le principe une fois posé, par les raisons qui ont été indiquées, nous avons à voir quelle étendue il recevait et de quelle manière s'en faisait l'application.

La subrogation n'avait pas lieu quand un héritier cédait ses droits à un cohéritier : « Il était indifférent aux cohéritiers d'avoir affaire à deux personnes ou à une, pourvu que celui qui avait un double droit, par le moyen de la succession et transport, ne fût point un étranger (4). » Ici, du reste,

(1) T. IV, p. 318, note 1777.
(2) Cf. M. Demolombe, *l. c.*
(3) *Journal du Palais*, 1862, p. 363.
(4) Lebrun, *l. c.*, n° 68. — Cf. Ferrière, n° 77, et Flaust, *l. c.*, p. 313.

il n'était pas question de la subrogation proprement dite; on demandait si l'héritier cessionnaire était forcé de communiquer son marché à ses cohéritiers, s'ils avaient le droit d'y prendre leur part, comme dans une opération qui aurait été faite par lui à l'occasion des choses héréditaires avec un étranger. Lebrun ne craignait pas de contredire un arrêt, mais il exprimait l'opinion générale.

Par cohéritier il faut entendre toute personne qui succède à titre universel : « Comme avant la cession, elle avait déjà un droit acquis d'assister à toutes les opérations et de pénétrer dans tous les secrets (1). » Le retrait ne pouvait être exercé contre le mari donataire à titre universel de sa femme, qui avait traité avec un des héritiers de celle-ci (2).

Mais, pour être cohéritier d'une personne, suffit-il d'être appelé à la succession du même *de cujus*? N'est-il pas, en outre, nécessaire qu'on soit appelé dans la même ligne? L'héritier des propres maternels, traitant avec un héritier des propres paternels, ne sera-t-il pas soumis au retrait de la part des cohéritiers de celui-ci dans les propres paternels? On répondait négativement : « Si les héritiers de diverses lignes ne sont pas tous cohéritiers dans les biens, ils le sont dans la succession. Il est encore moins vrai de dire qu'ils soient étrangers les uns aux autres. Ainsi la vexation ne s'appréhende pas en ce cas particulier (3) : « Le motif de faire cesser l'indivision n'est entré pour rien dans l'établissement de ce retrait (4). »

La même décision était donnée lorsqu'il s'agissait d'une cession faite par un des héritiers à la veuve du *de cujus*. Lebrun soutenait que la veuve ne devait pas être regardée

---

(1) N. Denisart, l. c., n° 6.

(2) Denisart, l. c., n° 13. — Merlin dit très-justement (*Rép.*, v° *Droits successifs*, n° viii) : « Denisart ne nous apprend pas si, dans l'esprit de cet arrêt, c'était à titre universel que le mari était donataire de sa femme; mais on doit le supposer : car si le mari n'eût été que donataire d'objets singuliers et déterminés, il n'y aurait eu aucun motif pour l'affranchir du retrait successoral. » Il est vrai qu'un arrêt du 17 août 1779 avait admis le retrait successoral contre un mari donataire d'une part d'enfant.

(3) Lebrun, l. c., n° 69.

(4) N. Denisart, l. c.

comme étrangère, puisqu'elle ne payait pas de droits seigneu-
riaux, quand elle prenait en paiement de ses conventions
matrimoniales des conquêts de communauté et même, selon
quelques-uns, des propres de son mari (1). On donnait d'or-
dinaire une raison qui se rattachait davantage à l'origine,
qui s'accordait mieux avec la nature de la règle : la femme
n'était pas étrangère à la succession de son mari, par cela
seul qu'elle avait été commune en biens; bien plus, en achetant les droits d'un cohéritier, elle semblait acquérir *rem sibi
necessariam;* or, elle ne faisait qu'invoquer le droit commun,
quand elle réclamait, pour une acquisition de ce genre, une
exception aux lois *Per diversas* et *Ab Anastasio* (2).

Toutes ces décisions montrent que le motif nouveau signalé
par Lebrun n'eut pas une grande influence sur notre ancienne
jurisprudence. Si l'on avait craint que les procès ne s'élevas-
sent plus facilement ou ne fussent plus longs à cause de la
présence d'un cessionnaire étranger aux opérations du partage, comment la cession faite à la veuve n'aurait-elle pas
inspiré la même crainte? Lebrun lui-même admet que l'héritier aux propres d'une ligne ne doit pas, en notre matière,
être regardé comme un étranger par rapport aux propres de
l'autre ligne : pourquoi le premier hésiterait-il à plaider,
même avec acharnement, contre les seconds? Le motif de
Lebrun suppose un lien de famille et, par suite, d'affection
entre des héritiers. Il est possible qu'il n'y ait aucun lien de
famille, qu'un sentiment tout opposé à l'affection existe entre
la veuve et les héritiers d'un *de cujus,* entre les diverses lignes
qui se doivent partager la succession. Mais l'ancienne juris-.
prudence n'a cherché qu'à exclure du partage les personnes
qui ne s'y trouveraient pas déjà naturellement mêlées, qui
n'auraient pas déjà la connaissance des affaires héréditaires,
dont l'intervention, dans le principe, serait vexatoire, parce
qu'elle semblerait inspirée par la seule curiosité.

12. — Le retrait peut être exercé par « quiconque a intérêt
d'empêcher un cessionnaire étranger de venir approfondir les

---

(1) Lebrun, *l. c,* n° 69.

(2) Brodeau sur Louet, o. xiii, *Cession de droits litigieux,* n° 3. — Ferrière, *l. c.,* n° 73. — Guy du Rousseau de la Combe, *Recueil de jurisprudence,* v° *Transport,* n° 10.

secrets d'une famille et mettre des entraves au partage, »
c'est-à-dire par tout successeur à titre universel, ne fût-il pas
de la famille du défunt, tel qu'un légataire ou donataire universel, tel que l'époux commun en biens. » Le défunt a bien
pu vouloir que tel étranger, de l'amitié et de la discrétion duquel il était sûr, connût tous ses secrets. C'est un dépôt qui
lui est confié et duquel il lui sied d'écarter tout indiscret.
D'ailleurs, le retrait prévient les difficultés qui pourraient
naître d'un conflit de volontés entre deux personnes qui n'ont
aucun motif de se ménager (1). »

Celui qui est héritier dans une ligne, l'héritier aux propres,
peut écarter le cessionnaire de l'héritier dans une autre ligne,
de l'héritier aux acquêts, aussi bien pour garder les secrets,
dont l'intérêt est commun à tous les successeurs, que pour
prévenir les démêlés que peuvent soulever la nature des
biens, la contribution aux dettes, etc. (2).

13. — Ce n'est pas un retrait véritable qu'exercent les cohéritiers : aussi n'ont-ils pas à suivre la procédure des retraits : la demande de la subrogation se fait dans les mêmes
formes que les demandes ordinaires (3).

Elle doit être adressée à la justice. Anciennement (4) les
lettres de chancellerie étaient requises. « Cela était fondé pro-
bablement sur ce qu'aucune loi n'accordant ce retrait, il
semblait nécessaire de faire intervenir le législateur, qui par
ses lettres faisait en quelque sorte une loi particulière pour
chaque retrait (5). » L'usage finit par disparaître (6).

La demande peut être formée tant que le partage n'est pas
terminé (7).

Le demandeur doit naturellement rembourser le prix de

---

(1) N. Denisart, *l. c.*, n° 5.

(2) *Ib.* — Cf. Ferrière, *l. c.*, n° 78.

(3) Denisart, *l. c.*, n° 12. — N. Denisart, *l. c.*, n° 11.

(4) Servin, Charondas, Chenu, *ll. citt.*

(5) N. Denisart, *l. c.*, n° 11.

(6) *Il* et Pierre le Mnistre *sur la coutume de Paris*, nouv. éd., 1741, tit. v,
ch. iv, p. 150.

(7) N. Denisart, *l. c.*, n° 9.

la cession. L'arrêt de 1595 donne trois mois pour ce remboursement (1).

Le prix à rendre est le prix réel. C'est aux juges à le déterminer. Ils peuvent s'en rapporter à la déclaration du cessionnaire. « Et sera noté que l'intimé aurait affirmé devant le juge *a quo* qu'il avait acquis lesdits droits moyennant ladite somme de 800 écus par lui déboursée (2). »

Un moyen plus sûr d'arriver à la vérité, c'est d'entendre et le cédant et le cessionnaire (3).

Il faut ajouter au prix les intérêts, les frais et les loyaux coûts.

Le nouveau Denisart va plus loin : il veut que le subrogé donne à l'acheteur caution « de lui rapporter dans le délai prescrit par la cession, s'il y en a un, ou dans celui qui sera fixé par le juge, décharge ou quittance de tous les *créanciers* (4) connus de la succession, et en outre caution indéfinie de l'acquitter de toutes les dettes inconnues qui peuvent exister dans l'hérédité, s'il y a lieu de présumer qu'il y en ait (5). »

Le retrait, étant subordonné à un remboursement, ne peut avoir lieu contre un donataire. Il faut, bien entendu, que la donation soit sérieuse. Si elle ne servait qu'à dissimuler une vente, si le cohéritier prouvait qu'un prix a été clandestinement payé, il recouvrerait son droit.

Une cession, faite pour moitié à titre onéreux, pour moitié à titre gratuit, serait regardée comme une vente, selon la loi *Ab Anastasio*.

Ce sont des règles faites pour la cession de droits litigieux que nous venons de signaler. Mais il s'en faut que l'assimilation entre les deux cessions soit complète. Le retrait successoral ne souffre pas nécessairement les mêmes exceptions que le retrait de droits litigieux : le créancier qui reçoit en paiement de son débiteur une part héréditaire indivise n'est pas

(1) Chenu, *l. c.*

(2) *Ibid.*

(3) Henrys, *l. c.*

(4) C'est évidemment *créanciers* qu'il faut lire et non *débiteurs*.

(5) N. Denisart, *l. c.*, n° 10.

à l'abri du retrait, puisque le retrait n'a pas été institué en haine des acheteurs, mais pour protéger les secrets des familles (1).

14. — Tous les cohéritiers du cédant ont un droit égal à exercer le retrait : ils l'exerceront, chacun pour sa part. Quelle raison y aurait-il de préférer l'un à l'autre? Il faut excepter le cas où, la succession se partageant entre deux lignes et l'un des héritiers ayant vendu sa part, les cohéritiers de la même ligne seraient en lutte avec un héritier de l'autre : le nouveau Denisart décide, non sans hésitation, que les premiers auront la préférence (2).

15. — Quand un cohéritier a obtenu la subrogation contre un étranger, il ne peut contraindre ses cohéritiers à prendre leur part dans son marché; mais peut il les en empêcher et garder pour lui seul ce qu'il a fait le premier? La réponse n'a pas souffert de difficultés dans notre ancien droit. « C'est une maxime certaine, dit Ferrière (3), que ce que l'un des héritiers retire ou achète, qui dépendait de la succession, quoique ce soit en son nom, doit néanmoins être communiqué entre tous les autres cohéritiers, en remboursant l'acquéreur de ce qu'il a déboursé pour faire l'acquisition. Car il est de la nature du partage d'une succession ou d'une chose commune que toute l'utilité et les fruits qu'un des cohéritiers ou copropriétaires aura perçus des biens héréditaires ou de la chose commune soient communiqués. » Cette maxime est fondée sur la nécessité de maintenir l'égalité entre les cohéritiers. Elle paraît empruntée au droit romain, aux lois 19, ff. *Fam. erc.* (x, 2), et 89 § 4, ff. *De leg.*, 1° (xxx), dont la décision n'aurait été abrogée nulle part (4). Tous les auteurs la répètent, les arrêts la consacrent (5). Merlin nomme *retrait de cohéritier* ce droit des cohéritiers de prendre part après coup dans la subrogation opérée au profit de l'un d'eux aussi bien que celui de se faire subroger contre un cessionnaire étranger.

(1) N. Denisart, *l. c.*, n°° 4 et 6.
(2) *Loc. cit.*, n° 5.
(3) Sur l'art. 327, n° 2. — Cf. sur l'art. 10J, n° 71.
(4) Merlin, *Rép*, v° *Retrait de cohéritier*.
(5) V. l'arrêt de 1613. — Merlin, *ibid*.

Nous l'avons déjà dit, l'héritier cessionnaire de son cohéritier n'est pas plus soumis à l'obligation de communiquer son marché qu'à la subrogation proprement dite. Cependant, celui qui achète les droits du cohéritier dans une autre ligne subit le concours des cohéritiers dans sa ligne propre (1).

Les cohéritiers du subrogé ne sont pas tenus de se prononcer dans un certain délai, mais le subrogé peut leur en faire fixer un par justice.

S'il y en a qui veuillent rester en dehors, ils en sont libres. Quant aux autres, le subrogé peut, à son gré, donner à chacun ou la part qui lui serait revenue, si tous avaient été compris dans l'opération, ou la part réelle qui lui revient, étant donné le nombre de ceux qui s'associent au transport. Chacun des cohéritiers rembourse le cessionnaire ou indemnise le subrogé dans la mesure de la part qui lui est attribuée (2).

16. — IV. La question, si le retrait devait être admis contre le cessionnaire d'une part indivise, soit dans tout ensemble de biens autre qu'une succession, soit dans une chose déterminée, ne semble pas avoir été approfondie par notre ancienne jurisprudence.

Quelques auteurs assimilent à la cession de droits successifs celle de toute part dans une chose commune et « à indivis (3). » Mais c'est en passant; ils ne se demandent même pas si le motif capital, la nécessité de protéger les secrets des familles, ne se présentant pas là où il n'y a point de famille en jeu, la règle peut recevoir son application. Ils sont entraînés, sans savoir où, par une analogie superficielle.

Dareau admettait le retrait au profit de tous les communistes. Autrement, « ils seraient, dit-il (1), exposés à mettre tous leurs secrets et toutes leurs affaires à découvert, ce qui pourrait préjudicier, surtout en fait de commerce, autant à leur fortune qu'à leur tranquillité. » Mais Merlin se hâte d'ajouter que « cette opinion, hors des coutumes qui l'adoptaient formellement, aurait souffert beaucoup de difficultés dans l'ancienne jurisprudence. »

(1) Ferrière, l. c., n° 78.
(2) Ferrière, l. c., n°s 75 et 76.
(3) Despeisses, l. c. — Guy du Rousseaud de la Combe, l. c., n° 16.
(1) Merlin, Rép., v° Droits succ., xii.

17. — Certaines coutumes avaient, en effet, admis un *retrait de communion* ou *d'indivision*, un *retrait de bienséance et communauté*, un *retrait de frareuseté*, un *retrait d'esclèche* ou *de démembrement*, quelque peu différents du précédent, au profit des copropriétaires contre les cessionnaires de leurs copropriétaires (1). On cherchait à faire remonter ces retraits au droit romain en passant par-dessus la loi 11, C. *De contr. empt.* (iv, 38). Mais on ne tenta aucun effort sérieux, soit pour les faire entrer dans le droit commun de la France, soit pour es rattacher à la jurisprudence des parlements en matière de subrogation aux droits successifs.

18. — Les retraits furent supprimés par le droit intermédiaire. Les lois du 13 juin et du 10 juillet 1790 en donnèrent l'énumération : l'action en subrogation aux droits successifs n'y était pas nommée. Une loi du 13 mai 1792 déclara d'une manière générale que *toutes les autres espèces de retraits* étaient comprises dans la suppression; la Convention prononça, les 2 et 30 septembre 1793, *qu'il ne pouvait plus exister aucune espèce de retraits.* Mais l'action en subrogation devait-elle être considérée comme un retrait? Il n'y avait pas longtemps qu'elle en avait reçu le nom, encore était-ce un simple arrêtiste qui le lui avait donné. Un décret rendu par la Convention, le 19 floréal an II, annula un jugement qui l'avait admise, malgré les lois et décrets antérieurs. Le doute n'en subsista pas moins, ce dernier décret n'étant pas devenu loi de l'État, faute d'avoir été inséré au *Bulletin de correspondance*. Le respect dû à l'interprétation du pouvoir législatif n'empêcha pas la discussion entre les jurisconsultes comme entre les tribunaux sur la question de savoir si le droit à la subrogation existait encore.

L'opinion qui l'admettait finit par prévaloir, non sans peine; mais ce fut surtout après la promulgation du Code qu'elle triompha de la controverse, en recevant son application à des cas qui s'étaient présentés antérieurement. L'influence morale de la loi en vigueur au jour du jugement, le désir de prévenir toute difficulté en considérant le droit des cohéritiers comme ayant toujours été le même, ne furent peut-être pas

---

(1) *Id.*, v° *Retrait de communion, Retrait d'esclèche, Retrait de frareuseté.* — Cf. Pothier, *Traité des Retraits*, n° 2.

étrangers à ce triomphe. L'un des arrêts rendus sur la question contient le motif suivant : « Attendu..... qu'il est reconnu par les arrêts les plus récents, et il ne peut être en effet contesté que le droit d'offrir et l'action en subrogation..... diffèrent essentiellement de toutes les espèces de retraits abolis par les lois de 1790, 1792, 1793 et de l'an II (1). »

10. — Le retrait successoral ne se retrouve pas dans les premiers projets de Code civil, préparés durant la Révolution. Jacqueminot en parle le premier (2). Sa proposition est reprise, dans les mêmes termes, par la commission du gouvernement (3). Elle forme l'art. 841 du Code Napoléon.

Il ne semble pas qu'elle soit contestée par le conseil d'État ni par le Tribunat. Elle passe inaperçue de la plupart des tribunaux. Un seul, le tribunal de Montpellier, la critique comme injuste, « en ce qu'elle prive le cédant de la concurrence de tous autres que les cohéritiers, qui peuvent se prévaloir de cet avantage à son préjudice, » et comme « facile à éluder par la simulation d'un prix excessif (4). » Le tribunal de Lyon se félicite de voir « revivre cette ancienne disposition de toutes les législations, si nécessaire pour maintenir la paix dans les familles, pour écarter ces vampires qui cherchent à se glisser partout où il y a quelque chose à dévorer, » et observe que « cette loi n'avait jamais été abrogée, » bien qu'une jurisprudence erronée en empêchât, depuis quelques années, l'exécution dans certaines parties de la République (5). Le tribunal de Caen demande la solution de plusieurs difficultés, mais sans l'obtenir (6).

Les rédacteurs du Code croient se conformer au droit romain, aussi bien qu'à l'ancien droit, en donnant à l'héritier la faculté d'écarter le cessionnaire de son cohéritier moyennant remboursement. « Les étrangers qui achètent des droits

(1) Req. 16 juin 1819. — D. A., v° Succ., n° 1867. — Cf. Merlin, *Rép.*, v° *Droits successifs*, VIII, IX, IX bis. — M. Demolombe, *Traité des succ.*, t. IV, n° 7. — Toullier, t, IV, n° 434.

(2) Fenet, t. I, p. 423.

(3) *Ibid*, t. II, p. 149.

(4) *Ibid.*, t. IV, p. 442.

(5) *Ibid.*, t. IV, p. 126.

(6) *Ibid.*, t. III, p. 118.

successifs, dit Chabot (1), apportent presque toujours la dis-
sension dans les familles et le trouble dans les partages. Le
projet de loi donne le moyen de les écarter..... Cette disposition infiniment sage est conforme aux lois *Per diversas*
et *Ab Anastasio*, qui avaient été généralement admises dans
notre jurisprudence. Il est de l'intérêt des familles qu'on
n'admette point à pénétrer dans leurs secrets et qu'on n'as-
socie point à leurs affaires des étrangers que la cupidité ou
l'envie de nuire ont pu seules déterminer à devenir cessionnaires, et que les lois romaines dépeignaient si énergique-
ment par ces mots : *alienis fortunis inhiantes.* »

L'autorité des lois romaines est invoquée fort mal à propos,
puisqu'elles n'avaient pas établi le retrait successoral. Les
motifs pour lesquels le législateur moderne l'emprunte aux
précédents ne sont pas exposés avec netteté : a-t-il eu surtout
le désir de protéger les secrets des familles contre la curiosité
des étrangers? Est-ce la paix qu'il a voulu défendre contre
l'humeur querelleuse, l'envie de nuire o. la spéculation? Ces
deux motifs, qu'il ne distingue pas clairement l'un de l'autre,
ont-ils une importance égale? Faut-il qu'ils soient réunis dans
tous les cas où doit s'appliquer l'art. 841? Les termes du rapport ne permettent pas de répondre à ces questions. Ce rapport, du reste, n'est que l'œuvre d'un tribun; les réponses
qu'il fournirait pourraient n'être pas décisives.

Nous pouvons cependant remarquer, d'une part, l'intention exprimée de se conformer à l'ancienne jurisprudence,
en remontant jusqu'au droit romain; d'autre part, le silence
gardé sur l'assimilation qui avait été faite jadis entre le retrait de droits successifs et le retrait de droits litigieux.

L'observation du tribunal de Lyon montre aussi que
l'art. 841 a été regardé par les magistrats consultés comme
devant faire revivre l'ancienne jurisprudence.

20. — Le législateur n'a fait qu'un article sur le retrait
successoral. Aussi beaucoup de difficultés se sont-elles éle-
vées sur ce sujet. Peut-on, pour les résoudre, corriger l'in-
convénient d'un texte court et obscur, en déterminant la pensée fondamentale de ce législateur?

C'est le dessein qu'a eu M. Demolombe. Avant d'entrer dans

(1) *Rapport au Tribunal, ib.,* t. XII, p. 211.

le détail des questions, il expose une théorie dont il doit faire plus tard de nombreuses applications, et qui se résume en deux idées : 1° « La faculté d'écarter du partage le cessionnaire de droits successifs constitue l'espèce d'opération que l'on appelle retrait. — Donc, nous pourrons, dans l'interprétation de cet art. 841, si laconique pour une matière aussi vaste, recourir non-seulement aux art. 1699 et 1700, qui consacrent le retrait primitif de droits litigieux dont le retrait de droits successifs est dérivé par extension, mais encore à la plupart des principes qui gouvernaient les retraits dans notre ancienne jurisprudence. » — 2° Le législateur s'est proposé, « d'une part, de protéger les familles contre l'introduction des étrangers qui voudraient indiscrètement s'immiscer dans le secret de leurs affaires ; — d'autre part, *et principalement*, de les garantir contre la cupidité processive des acheteurs de droits successifs..... C'est, à notre avis, ce second motif qui doit prédominer dans l'interprétation de cet article et fournir la meilleure solution des nombreuses difficultés qu'il a soulevées (1). » M. Demolombe se conforme à cette seconde idée en rattachant le retrait successoral au retrait litigieux (2).

Telle est la théorie du Code, selon l'illustre professeur. En l'exposant avec plus de clarté et d'unité qu'elle n'en eut dans le langage et même dans l'esprit des rédacteurs, M. Demolombe a soin de ne pas faire de violence aux faits et aux textes. S'il donne au droit du cohéritier le caractère d'un retrait, c'est au nom de la science ; il reconnaît que l'histoire le lui ferait refuser. L'application de ses deux idées est pleine de mesure et d'équité. Il est difficile à l'esprit de repousser un système qui paraît si satisfaisant.

21. — La première partie de la théorie est conforme à la doctrine exposée par M. Labbé : « Le retrait lignager est aboli ; néanmoins les solutions données par nos anciens auteurs sur les effets de ce retrait peuvent nous servir à résoudre des questions semblables s'élevant de nos jours à propos du retrait successoral, du retrait de droits litigieux et du retrait

(1) Nos 9 et 10.
(2) No 12.

d'indivision. Ce sont, en réalité, des droits de même nature et produisant les mêmes conséquences (1). »

La plus grande partie des auteurs et des arrêts donnent, comme M. Demolombe, un double motif à la règle du Code : « Le Code Napoléon, disent MM. Aubry et Rau (2), a maintenu ce retrait pour empêcher que des étrangers, guidés par la cupidité ou l'envie de nuire, ne pussent entraver, par de mauvaises difficultés, les opérations des partages ou pénétrer dans les secrets des familles (3). » La Cour de cassation, s'exprime ainsi : « Cet article n'a pas seulement pour but d'empêcher un étranger de s'immiscer dans le secret des familles, mais aussi de ne point forcer des héritiers à admettre comme copartageants ceux qui, sans la cession, n'auraient aucun titre pour concourir au partage (4). »

Le motif du secret est indiqué dans plusieurs décisions judiciaires comme étant le seul auquel ait pensé le législateur (5). Mais ces décisions n'ont pas formé jurisprudence ; quand elles ont été déférées aux tribunaux supérieurs, ceux-ci ont fait prévaloir la doctrine contraire (6).

Les auteurs et les arrêts se sont bornés à donner les deux motifs, sans prétendre à faire prévaloir l'un sur l'autre. C'est à M. Demolombe qu'appartient la pensée de mettre au premier rang la crainte de la spéculation et des procès.

22. — Ce n'est pas sans crainte que nous nous permettons de contredire l'éminent professeur ; mais nous croyons que nous y sommes forcé par la vérité même.

Il est une première idée qui nous paraît incontestable et dont il ne tient pas compte ; c'est que les rédacteurs du Code

---

(1) *Étude sur les Retraits*, n° 1, *Revue critique*, 1855, t. VI, p. 142.

(2) Tome III, p. 322, § 359 *ter*, note 13.

(3) Marcadé (t. III, p. 213, sur l'art. 841, I et II, n°° 307-310) parle du secret d'abord et principalement, puis de l'esprit de trafic. — V. Vazeille, *Des successions, donations et testaments*, sur l'art. 841, n° 1. — Duranton, t. VII, n° 185. — Toullier, n° 435.

(4) Civ. 17 avril 1843 (D. A., *l. c*, n° 1945). — Cf. Orléans, 18 mai 1839 (*ib.*, n° 1986). — Req. 26 nov. 61 (D. P. 62, 1. 835).

(5) Paris, 7 juillet 1836 (*Ib.*, n° 1870). — Nîmes, 30 mars 1830 (*Ib.*, n° 1947).

(6) V. Bordeaux, 23 avril 1856 (D. P. 1856, 2, 203), infirmant un jugement du tribunal de Lesparre.

n'ont songé ni à créer une règle nouvelle, ni même à modifier la règle ancienne; ils ont voulu la reproduire purement et simplement, telle que l'avait faite la jurisprudence des parlements. C'est ce que prouvent le rapport de Chabot, les observations du tribunal d'appel de Lyon. C'est ce qu'attestent plus clairement encore la brièveté de l'art. 841, le silence gardé au conseil d'État, comme dans l'*Exposé des motifs*, sur la disposition qui s'y trouve contenue; il semblait qu'il fût inutile, soit de l'expliquer à ceux qui devaient l'appliquer, soit de la justifier devant ceux au vote desquels elle était soumise; les premiers n'avaient qu'à consulter l'ancienne jurisprudence, les seconds n'avaient qu'à se fier à la sagesse du passé. Du reste, il n'est peut-être pas un arrêt, pas un auteur, depuis la rédaction du Code, qui n'ait reconnu que l'art. 841, comme les art. 1699, 1700 et 1701, a été fait en conformité avec les principes de notre ancien droit (1).

Si cette première idée est vraie, nous en tirerons les conséquences suivantes: la nature du retrait successoral est la même sous l'empire du Code que dans l'ancien droit, les motifs qui l'ont fait admettre sont les mêmes et doivent avoir la même autorité, les décisions rendues par les parlements ou proposées de leur temps par les jurisconsultes doivent encore être suivies, quand le silence du Code le permet et que ses principes ne le défendent pas.

23. — La nature du retrait successoral est restée la même. Ce n'est donc pas un retrait véritable. L'ancien droit, même quand il se fut décidé à le qualifier ainsi, eut soin de déclarer que, malgré le nom, il n'avait rien de commun avec les retraits, notamment qu'il ne fallait pas le soumettre à la procédure spéciale établie pour ceux-ci. L'assimilation que n'a pas admise la jurisprudence, quand les retraits existaient encore, nous ne pouvons l'admettre sous l'empire d'une loi qui a prétendu se conformer à cette jurisprudence, d'une loi où les anciens retraits et les règles, soit de fond, soit de forme, qui leur étaient propres, sont complétement inconnus.

Les motifs qui ont fait admettre le retrait successoral sont

(1) Quelques années après la rédaction des Codes, la Cour de cassation se référait encore aux lois *Per diversas* et *Ab Anastasio* (Cass. 14 mars 1810. — D. A., *l. c.*, n° 1954).

les mêmes et doivent avoir la même autorité. Or, dans l'ancien droit, quel était le principal? Nous l'avons dit, c'était le désir de protéger les secrets de la famille contre la curiosité d'un étranger. Ce motif était celui qu'on avait soin de ne jamais omettre, qu'on plaçait toujours en première ligne, que souvent on indiquait seul, le regardant comme suffisant. Le désir de défendre les intérêts de la famille contre les vexations d'un spéculateur, ne venant qu'en second, était souvent passé sous silence. Il est même permis d'affirmer qu'on ne se faisait pas une idée nette de ce motif; tantôt l'acheteur de droits successifs était regardé comme un acheteur de droits litigieux, et l'on redoutait de sa part la même âpreté et la même subtilité de chicane; tantôt on écartait complétement ce parallèle, et il semblait que l'exception résultât de l'immixtion même dans les secrets de famille; tantôt, enfin, l'on ne craignait pas plus de procès de la part d'un cessionnaire étranger que de celle d'un cohéritier, mais on appréhendait simplement qu'il ne fût pas aussi conciliant dans les difficultés qui peuvent naître à l'occasion de toute succession. Il ne faut pas aujourd'hui faire prédominer sur le motif qui a toujours été le principal, le plus certain et le plus net, le motif qui est resté secondaire et douteux (1).

Enfin, la matière du retrait successoral étant régie par un seul article, qui est très-court, beaucoup de questions se présentent ou peuvent se présenter, sur lesquelles le Code est muet. Le Code n'est muet que parce qu'il a jugé superflu de s'expliquer, se référant implicitement à la jurisprudence dont il proclamait le principe en termes exprès. C'est être fidèle à son esprit que de suivre les décisions de l'ancien droit. Mais nous ne devons pas oublier que, s'il est nécessaire de combler les lacunes du Code, il n'est pas permis d'en violer les principes.

Nous ne prétendons pas faire une étude complète sur le retrait successoral; nous chercherons seulement à montrer

---

(1) Cf. M. Batbie, *Révision du Code Napoléon*, *Revue critique*, 1866, t. xxvIII, p. 146. — Chabot, *Commentaire sur la loi des successions*, sur l'art. 841, n° 167, quoique la confusion signalée dans son rapport se retrouve un peu dans son ouvrage.

les applications les plus importantes des idées que nous venons d'exposer.

24. — I. Ce retrait n'est pas donné contre un cessionnaire, qui serait successible du défunt comme le cédant; pourquoi l'écarter du partage en qualité de cessionnaire, quand on ne peut l'empêcher de s'y présenter à un autre titre?

Mais comment entendre ce mot *successible?* C'est tout successeur à titre universel : « Le mot *successible*, dans l'art. 841, signifie ayant droit de se présenter au partage... Ces deux expressions, *successibles* et *cohéritiers*, sont synonymes et signifient toutes les deux : *copartageants*, ou ayant le droit de venir au partage (1). » Il faut comprendre sous le nom commun de successibles tous ceux que la loi appelle à la succession d'une personne, sans distinguer entre les héritiers et les successeurs irréguliers, tous ceux que l'homme désigne lui-même comme devant recueillir l'ensemble ou une quote-part de son patrimoine, en qualité de légataires ou donataires universels ou à titre universel.

Une première difficulté résulte de cette définition. Il y a une disposition sur la nature de laquelle tous les jurisconsultes ne sont pas d'accord : c'est le legs d'usufruit sur tous les biens ou sur une quote-part des biens. Est-ce un legs particulier? Est-ce un legs à titre universel? Ceux qui donnent la première décision ne peuvent regarder le légataire comme un successible; la seconde mène, au contraire, à lui reconnaître cette qualité.

M. Demolombe, qui ne voit dans la disposition dont nous parlons qu'un legs particulier, permet d'exercer le retrait contre le légataire, acquéreur d'une part héréditaire. Nous rappelons seulement la manière dont il prouve que l'application particulière de ce principe au retrait successoral est « on ne peut plus rationnelle. » L'usufruitier ne vient pas au partage en vertu d'un droit propre, car il n'y a pas indivision entre lui et les héritiers, nu-propriétaires : « Aussi ce partage qui lui est étranger peut-il être fait sans lui et à son insu par les autres successibles entre eux. Il n'y a pas de distinction à faire entre l'usufruitier universel et l'usufruitier à titre uni-

(1) M. Demolombe, *loc. cit.*, n°‑ 34 et 36.

versel : si ce dernier prend part à un partage, ce n'est qu'à un partage de jouissance, « qui est tout à fait distinct du partage de propriété qui a lieu entre les successibles : partage auquel l'usufruitier à titre universel est aussi étranger que l'usufruitier universel et dont il peut être dès lors écarté, comme lui, s'il s'y présentait en vertu d'une cession. » Ni l'un ni l'autre ne peut exercer le retrait : or, qui ne peut l'exercer y est soumis. Enfin, si l'on objecte que l'un et l'autre ont déjà par eux-mêmes le droit de s'immiscer dans les affaires de l'hérédité, empêcher cette immixtion « n'est pas le but principal du législateur dans l'art. 841 ; ce qu'il s'est proposé avant tout, c'est d'écarter du partage le spéculateur qui n'a, pour y venir, d'autre titre que la cession ; or, telle est la position du légataire universel ou à titre universel d'usufruit (1). »

On voit que M. Demolombe rejette une distinction proposée entre le légataire universel et le légataire à titre universel, ce dernier étant appelé à un partage avec les héritiers.

Nous n'admettrions pas non plus cette distinction, pour deux raisons : elle nous paraît inutile, le retrait ne pouvant être, d'après nous, exercé même contre l'usufruitier universel ; elle nous paraît bizarre : comment traiter en étranger l'usufruitier universel quand on traite en successible l'usufruitier à titre universel, moins favorisé par le *de cujus?*

Ce n'est pas ici que nous pourrions discuter sur la nature du legs universel ou à titre universel d'usufruit. Ceux qui le regardent comme un legs à titre universel ne doivent pas faire difficulté de ranger l'usufruitier parmi les successibles. Mais nous irons plus loin ; les mots doivent s'entendre *secundum subjectam materiam :* le légataire universel ou à titre universel d'usufruit fût-il en principe un légataire particulier, il faut le regarder comme un successible quand il s'agit du retrait successoral : ce retrait ne doit pas avoir lieu contre lui.

Le principal motif de l'ancienne jurisprudence, qui doit être resté le principal motif du droit nouveau, c'est le désir de prévenir l'immixtion de l'étranger, à titre de cessionnaire, dans les secrets de la famille. Or, le légataire universel ou à

_____

(1) *Loc. cit.*, n° 31.

titre universel d'usufruit tient certainement de son legs lui-
même la faculté de s'immiscer dans toutes les affaires de la
succession, pour connaître et faire reconnaître l'étendue de
son droit.

Quant à l'autre motif, il ne suffit pas de le remettre au
second rang, qui est le sien, il faut de plus en comprendre
la nature. C'est la situation morale du cessionnaire que l'on
considère. Était-il étranger à la succession? on le soupçonne
d'être plus disposé aux procès qu'aux concessions. Était-il
nécessairement en rapport avec les héritiers? le rang, l'amitié, le respect commun pour un même auteur, font présumer
le contraire. Si ce respect commun pour le même auteur,
dont parle le nouveau Denisart, existe chez le légataire à
titre universel en pleine propriété ou en nue-propriété,
n'existe-t-il pas aussi chez le légataire universel ou à titre
universel d'usufruit? Enfin peut-on accuser de spéculation
celui qui veut réunir la nue-propriété à son usufruit?

Mais, dit-on, le légataire universel d'usufruit n'est appelé
à aucun partage, le légataire à titre universel n'est pas appelé
au vrai partage, au partage proprement dit, celui de la propriété. N'abusons pas des termes de la loi : *peut être écarté du
partage*. Il faut se demander si l'ouverture de la succession
établit entre telle et telle personne des relations qui exigent
un règlement définitif. Il n'est pas douteux que les héritiers
n'aient des relations de ce genre avec le légataire universel
d'un usufruit, ne fût-ce que pour la contribution aux dettes
héréditaires, à plus forte raison avec le légataire à titre universel, appelé à un partage véritable, puisque tout n'est pas
terminé quand ce partage n'est pas fait. D'ailleurs ce n'est pas
le partage en lui-même qui a de l'importance; les secrets qu'il
révèle, la situation morale des personnes qui y figurent,
voilà ce que l'on doit considérer (1).

(1) MM. Aubry et Rau, *l. c.*, p. 324, texte et notes 20 et 24, prennent
le même parti que M. Demolombe; mais, quand ils motivent leur décision,
ils ne parlent pas du légataire à titre universel d'usufruit; ils nomment
seulement le légataire universel, leur motif étant « que l'usufruitier n'est
intéressé qu'à la constatation de l'actif et du passif de l'hérédité et n'est
point, comme tel, appelé à concourir au partage proprement dit, » — La
jurisprudence s'est fixée dans le même sens (V. D. A., nᵒˢ 1945-1947). —
V. en notre sens : Vazeille, *l. c.*, nᵒ 15; M. Dutruc, nᵒ 478.

25. — M. Demolombe admet le retrait contre l'ascendant donateur qui exerce son droit de succession anomale et devient cessionnaire d'un des héritiers ordinaires : il succède bien au même *de cujus*, mais il n'a point à prendre part dans la même succession ; le cédant n'est plus pour lui un cohéritier (1).

Que disait Lebrun du cas où un héritier des propres maternels avait traité avec un héritier des propres paternels : « Si les héritiers de diverses lignes ne sont pas tous cohéritiers dans les biens, ils le sont dans la succession. Et il est encore moins vrai de dire qu'ils soient étrangers les uns aux autres. Ainsi la vexation ne s'appréhende pas en ce cas particulier (2)? » Nous appliquerons cette décision à l'ascendant donateur.

26. — La succession peut échoir à deux lignes, mais la loi ne fait plus elle-même le partage des biens, d'après leur nature et leur origine. Celui qui succède dans la ligne paternelle, acquérant les droits d'un de ceux qui succèdent dans la ligne maternelle, est-il soumis au retrait ?

La plupart des auteurs répondent négativement sans distinguer (3).

M. Demolombe propose une distinction. « Non, répond-il, si le partage n'est pas encore fait entre les deux lignes ; oui, s'il est déjà fait : les successibles de chaque ligne sont devenus étrangers les uns aux autres, en tant qu'il s'agit de la subdivision à faire entre les membres de chacune d'elles ; » l'héritier de la ligne paternelle n'est plus successible dans la ligne maternelle (4).

Nous n'admettrions pas cette distinction. Il n'y a lieu au retrait ni dans un cas ni dans l'autre.

Les jurisconsultes qui ont soutenu cette opinion ont dit que, les héritiers des deux lignes connaissant également tous les secrets de la succession, il n'y a jamais d'intérêt à écarter

---

(1) *Loc. cit.*, n° 24.

(2) V. *suprà*, n° 11.

(3) MM. Aubry et Rau, *l. c.*, p. 326, texte et note 33. — Marcadé, *l. c.*, III, n° 311. — Duranton, n° 188.

(4) N°s 34 et 35. — Cf. Vazeille, *l. c.*, n°s 23 et 24. — Req. 2 juillet 1862 (D. P. 62, 1, 431).

l'un d'eux quand il se présente comme cessionnaire dans une
ligne qui n'est pas la sienne. M. Demolombe répond que la
loi a songé à prévenir la spéculation plutôt qu'à protéger les
secrets. Nous savons ce qu'il faut penser de cette réponse.
Fût-elle exacte, elle ne recevrait pas ici une juste application.
En premier lieu, si l'on considère l'achat des droits successifs comme une spéculation, c'est à cause de l'incertitude sur
la valeur qu'ils ont : or, après le premier partage entre les
lignes, quelle incertitude y a-t-il? En second lieu, le partage
se faisant entre les lignes sans qu'on tienne compte de l'origine des biens, il peut arriver qu'un bien venant de l'une
aille à l'autre, que celui du côté duquel il vient tienne à l'a·
voir et en achète la chance en se plaçant comme acquéreur
·dans la ligne où il est échu. Enfin le respect pour l'auteur
commun sera le même, que le traité ait lieu avant ou après
le partage entre les lignes. Celui qui aura acquis antérieurement aura le même droit et apportera les mêmes dispositions
dans le sous partage que celui qui aura acquis postérieure-
ment.

Il nous semble beaucoup plus sûr de s'en tenir à la décision de Lebrun. En somme, les héritiers aux diverses classes
de propres étaient placés par la loi dans la même situation
où ils sont, par le premier partage, les héritiers des deux lignes. Il faut donc appliquer la même règle.

27. — Nous hésiterions beaucoup plus au cas où ce serait
l'époux commun en biens qui achèterait les droits d'un des
cohéritiers dans la succession de son époux. Ce n'est point
parce que la loi « se propose principalement d'écarter du partage celui qui n'y vient que comme cessionnaire et qui est
dès lors présumé n'y venir que dans un esprit de spéculation (1). » Tel n'est pas le motif principal de la loi. Il est très-
vraisemblable que la spéculation est étrangère à l'acquisition
de l'époux survivant; il veut plutôt s'assurer la conservation
de tel ou tel bien dont il a joui pendant son mariage. Mais,
quelle que soit en cette matière l'autorité de l'ancien droit,
elle ne peut l'emporter sur le texte formel de l'art. 841,
qui parle d'un *successible*. Il est impossible de comprendre

---

(1) M. Demolombe, *loc. cit.*, n° 33.

sous ce mot, si large qu'on le fasse, l'époux commun en biens (1).

28. — II. On se demande par qui peut être exercé le retrait.

M. Demolombe dit (2) avec raison qu'une intime corrélation existe « entre ces deux questions : *contre qui* et *par qui* le retrait successoral peut être exercé : questions tellement connexes, en effet, que l'on pourrait presque dire qu'elles n'en font qu'une, car la même réponse sert à résoudre chacune d'elles. »

Nous arriverons, par conséquent, à une conclusion contraire à la sienne, en ce qui touche : 1° le légataire universel ou à titre universel d'usufruit; 2° l'ascendant donateur; 3° l'héritier d'une ligne cessionnaire de droits successifs dans une autre ligne, même après le premier partage. Nous serons forcé de conclure comme lui en ce qui touche l'époux commun en biens.

Rappelons, pour justifier ce que nous disons de l'ascendant donateur et de l'héritier dans une ligne, que le nouveau Denisart permettait à l'héritier aux propres d'écarter le cessionnaire de l'héritier aux acquêts, aussi bien pour garder les secrets, dont l'intérêt est commun à tous les successeurs, que pour prévenir les démêlés que peuvent soulever la nature des biens, la contribution aux dettes, etc. (3).

M. Rodière refuse à l'enfant naturel, successeur irrégulier, le droit d'exercer le retrait, quoiqu'il permette de l'exercer contre son cessionnaire (4). Cette contradiction est invoquée avec raison comme un argument contre sa première décision. Le savant professeur a méconnu la corrélation qui existe certainement dans la pensée de la loi. Mais la principale objection, c'est que le système de M. Rodière repose sur des no-

(1) V. cependant D. A., n° 1951. — M. Dutruc, n° 479.

(2) *Loc. cit.*, n° 36.

(3) V. *suprà*, n° 12. — Chabot, *l. c.*, n° 17, n'admet les cohéritiers d'une ligne à exercer le retrait dans l'autre que s'il n'y a dans celle-ci personne qui puisse ou qui veuille l'exercer. Au n° 18, il semble faire la distinction qu'a plus tard admise M. Demolombe. — V. M. Vazeille, *l. c.*, n° 35. — Toullier, n°s 442 et 443.

(4) *J. du Palais*, *loc. cit.*

tions historiques qui ne sont pas exactes. Il est faux que ceux qui ont fait admettre le retrait successoral aient pensé à conserver les biens dans la famille; que le Code ait rattaché le droit de l'exercer à la saisine des héritiers légitimes, au droit éventuel dont ils sont investis sur l'universalité des biens. Dès que la fausseté de cette idée est démontrée, il n'y a plus aucune raison pour refuser le retrait à l'enfant naturel (1).

On a voulu exclure aussi les légataires, au moins à titre universel, comme simples successeurs aux biens, étrangers qui ne peuvent écarter un étranger (2). Mais nous avons vu que cette exclusion n'était pas prononcée par l'ancienne jurisprudence : elle n'aurait aucun fondement dans le droit actuel (3).

29. — III. La forme, les conditions, les effets du retrait font naître un assez grand nombre de difficultés.

Il n'est pas douteux que le retrait ne puisse être demandé par voie d'action, malgré les mots du Code : *peut être écartée du partage* (4). C'était une action en subrogation qu'avait établie la jurisprudence.

30. — L'autorité de l'ancien droit nous permet aussi d'affirmer que le retrait peut être exercé tant que le partage n'est pas fait, c'est-à-dire même pendant la durée des opérations (5), sauf la renonciation expresse ou implicite des cohéritiers à leur droit.

31. — Un héritier, en se réservant l'exercice du retrait successoral, peut-il céder à un tiers l'avantage éventuel qui en résultera ? Nous n'hésiterons pas à regarder cette convention comme absolument valable, à soutenir qu'elle ne donne lieu

---

(1) M. Demolombe, *l. c.*, n° 39. — Chabot, *l. c.*, n° 6. — Duranton, n° 190. Jugé que le retrait peut être exercé contre le cessionnaire de l'enfant naturel. Req. 16 juillet 1861 (D. P. 61, 1, 473).

(2) M. Rodière, *l. c.* — MM. Ducaurroy, Bonnier, Roustain, t. 11, n° 682.

(3) M. Demolombe, *l. c.*, n° 40. — Chabot, *l. c.*, n° 6. — Duranton n° 186.

(4) *Id.*, n° 124.

(5) *Id.*, n° 126. — Vazeille, *l. c.*, n° 19. — Duranton, n°° 187 et 203. — Pau, 14 février 1860 (D. P. 60, 2, 115). — MM. Aubry et Rau, texte, p. 326, notes 34 et 35. — *Secus* peut-être Marcadé (*l. c.*, IV, n° 313), certainement Chabot, *l. c.*, n° 19.

à aucune fin de non-recevoir contre la demande en retrait (1).
D'une part, les secrets de la famille ne seront révélés qu'à un
héritier ; d'autre part, c'est un héritier qui se trouvera en ré-
lations juridiques avec ses cohéritiers. M. Demolombe rap-
pelle que le lignager qui avait cédé son droit devait être dé-
chu du retrait, d'après Pothier, « parce que cette convention
faisait présumer de la fraude et que le lignager n'exerçait pas
le retrait pour son compte (2). » L'illustre professeur ne prononce pas aujourd'hui la déchéance *a priori*, mais il fait des
réserves et permet aux juges de rejeter la demande en retrait,
en se fondant sur la cession de l'avantage éventuel, surtout
si elle est faite à titre onéreux, à raison de la fraude (3). Mais
pourquoi prononcer le mot de fraude et ne pas respecter le
droit de l'héritier retrayant, quand la forme de la cession fait
précisément disparaître les inconvénients que présente d'or-
dinaire la cession de droits successifs? Lorsqu'il s'agissait du
retrait lignager, c'était une véritable fraude que commettait
le lignager retrayant, quand il ne retirait le bien que pour le
faire passer hors de la famille. Remarquons d'ailleurs que Pothier, même sur le retrait lignager, ne se prononce pas d'une
manière affirmative. La phrase citée plus haut contient « une
meilleure raison de la décision de Tiraqueau et Grimaudet, »
qui en avaient donné une mauvaise.

32. — Le prix doit être remboursé à l'acquéreur. Les juges
ont encore le pouvoir de régler la manière dont se doit faire
le remboursement, de telle sorte que l'acquéreur soit complétement indemne (4).

Quand le cessionnaire a lui-même cédé les droits successifs
et que le retrait successoral est exercé contre le deuxième
cessionnaire, est-ce le prix de la première cession ou celui
de la deuxième qui doit être remboursé? Nous avons examiné cette question à propos du retrait de droits litigieux (5).

---

(1) Montpellier, 29 avril 1857 (D. P. 57, 2, 214). — Civ. rej., 31 mai
1859 (D. P. 59, 1, 241).

(2) *Traité des retraits*, n° 165.

(3) *Loc. cit.*, n° 59.

(4) *Contrà*, M. Mourlon, *Revue pratique*, t. IX, 1860, *De la nature et des
effets du retrait successoral*, n° 24.

(5) V. *Du retrait de droits litigieux*, n° 92.

Nous ne la reprendrons pas ici. Nous nous bornerons à rappeler que, d'après nous, l'objet du remboursement est le prix de la deuxième cession.

33. — Les intérêts, les frais et loyaux coûts s'ajoutent au prix. L'art. 841 n'en parle pas; mais l'art. 1699 en fait mention : l'ancien droit imposait à l'acquéreur de droits successifs la même obligation qu'à l'acquéreur de droits litigieux.

M. Demolombe se demande si certains frais, en dehors des frais relatifs à l'acte même de cession, doivent être compris dans les *frais et loyaux coûts.* Il s'agit notamment des dépenses de voyage faites au sujet de la cession. Après avoir exprimé un doute, M. Demolombe cite Pothier et Guy-Coquille qui les allouaient en matière de retrait lignager, et conclut ainsi : « Cette décision paraît, en effet, équitable lorsqu'il est reconnu que ces frais étaient nécessaires et sont d'ailleurs modérés (1). »

Nous ne croyons pas que cette conclusion soit exacte : nous aimons mieux douter avec l'auteur que l'art. 1699 ait parlé de frais semblables, ou plutôt le doute n'est pas permis. Il n'a jamais été question, dans l'ancienne jurisprudence, ni pour les droits litigieux, ni pour les droits successifs, de les faire rembourser. Même alors, et en matière de retrait lignager, il fallait forcer le sens de l'expression *loyaux coûts* pour les y comprendre. On peut dire que le remboursement doit porter sur les frais qui auraient été faits par toute personne achetant les droits litigieux ou successifs, non sur ceux qu'a rendus utiles ou même indispensables, en fait, la situation particulière de tel acheteur, son ignorance des affaires, son éloignement du lieu où la succession s'est ouverte.

34. — Le retrait n'est pas donné contre un donataire. Nous ne tirerons pas argument de ce que l'idée de spéculation est étrangère à la donation : le donataire ne peut-il pas avoir la même curiosité qu'un acheteur? Sa situation morale n'est-elle pas la même, puisqu'il n'y a pas de considération qui l'oblige à ménager les cohéritiers? La raison décisive est qu'il est impossible de rembourser un prix à celui qui n'en a pas payé et qui n'en doit pas.

Mais que faire quand la cession est en partie à titre gratuit,

(1) *Loc. cit*, n° 109.

en partie à titre onéreux? Le cas était prévu par la loi *Ab Anastasio*. Cette loi était reçue dans notre ancienne jurisprudence, et Chabot a commis l'imprudence de dire que l'art. 841 la reproduisait comme la loi *Per diversas*. Nous avons pensé qu'elle ne doit pas être appliquée à l'acquéreur de droits litigieux (1); nous croyons aussi qu'elle ne doit pas l'être à l'acquéreur de droits successifs, malgré l'allégation de Chabot. Il n'est pas permis aux jurisconsultes de poser eux-mêmes une présomption légale, surtout une présomption de fraude; ils ne peuvent pas plus l'aller chercher dans une législation et dans une jurisprudence qui ont perdu leur autorité. Sans doute, les auteurs de l'art. 841 ont voulu reproduire une règle de l'ancien droit; mais, si une des parties de cette règle est passée sous silence par eux, si les principes généraux ne permettent pas de la sous-entendre dans le texte où elle n'a pas pris place, elle doit être définitivement repoussée : « Ce qu'il y a, suivant nous, de plus sage, dit M. Demolombe (2), c'est de s'en remettre sur cette question, comme sur toutes les questions de fraude, à l'appréciation discrétionnaire des magistrats. » Il ajoute que la clause de donation « est une des plus suspectes et une de celles qui pourraient le plus facilement soustraire au retrait successoral les cessions à titre onéreux; aussi arrivera-t-il sans doute le plus souvent qu'elle sera déclarée passible du retrait. » Il faut observer que, à défaut d'une présomption légale, la coexistence de la donation et de la vente dans le même acte ne suffit pas pour le rendre sujet au retrait en totalité, et que c'est au cohéritier demandeur à prouver la fraude à la loi (3).

38. — L'ancienne jurisprudence ne permettait pas au cessionnaire de droits successifs, comme au cessionnaire de droits

(1) V. *Du retrait de droits litigieux*, n° 53.

(2) *Loc. cit.*, n° 95.

(3) V. D. A., n° 1906. — Cf. M. Vazeille, *l. c.*, n° 3 : « Si le cessionnaire a deux titres, l'un onéreux et l'autre gratuit, il ne peut être contraint à la subrogation, car il ne servirait à rien de le repousser d'un côté, ne pouvant pas l'empêcher de venir par une autre voie. » — M. Acollas (*Manuel de droit civil*, t. II, p. 230) : « Il (le retrait) ne doit pas être admis contre le donataire ou le légataire des droits successifs d'un cohéritier, même lorsque la donation ou le legs ont été faits sous certaines charges. »

litigieux, d'opposer qu'il avait accepté la cession en paiement
d'une créance préexistante. La même décision doit être donnée sous le Code (1). Autrefois le nouveau Denisart en donnait ce motif que le retrait successoral n'était pas introduit en haine des acheteurs, que les parlements avaient
eu seulement en vue de protéger les secrets des familles. Les
jurisconsultes qui enseignent aujourd'hui que le cessionnaire
de droits successifs a été surtout regardé comme un spéculateur redoutable, devraient être embarrassés dans une espèce
où la cause même de la cession exclut, d'après le législateur
(arg. art. 1701-2°), toute idée de spéculation. En vain se re-
tranchent-ils derrière le texte général de l'art. 811 : *toute personne ;* du moins sont-ils forcés de reconnaître que l'application du retrait successoral dans cette hypothèse ne se justifie
pas, et, quand ils ont commencé par admettre la nécessité de
se reporter aux art. 1699 à 1701, pour combler les lacunes
de l'art. 841, qu'ils sont infidèles à leur propre doctrine (2).
Il ne sert à rien de dire que les droits litigieux d'un débiteur
seraient perdus, s'ils n'étaient pas exercés, que ses droits successifs seraient toujours liquidés, quand même il ne se pré-
senterait pas, que son créancier a un intérêt légitime à recevoir en paiement les premiers, non les seconds. La liquidation
de ceux-ci peut être désastreuse pour l'ayant-droit, s'il n'est
ni présent ni représenté. Les uns et les autres pourraient
également être exercés par le créancier, sans dation en
paiement, en vertu de l'art. 1166.

36. — On enseigne avec raison que, le retrait une fois exercé
par un des cohéritiers, les autres ne peuvent, malgré lui,
prendre leur part dans son marché (3). L'opinion contraire

(1) M. Demolombe, n° 99. — *Secus,* M. Demante, t. III, n° 171 *bis,* VI.

(2) M. Demolombe (n° 100) dit de l'adjudicataire : « C'est ainsi que Pothier
enseignait que l'adjudicataire de droits litigieux n'est pas soumis au retrait,
parce qu'il ne peut être regardé comme un odieux acheteur de droits litigieux, ayant été, par l'affiche et les publications, invité en quelque façon
par la justice à acquérir.

(3) M. Demolombe, n° 71. — MM. Aubry et Rau, texte, p. 326 et
note 31. — Marcadé, *loc. cit.,* III, n° 312. — D. A., n°° 1890 et 1891. —
Vazeille, *l. c.,* n° 22. — Chabot, *l. c.,* n° 15. — Duranton, n° 199. —
Toullier, n° 118. — MM. Duc., Bon. et Roust., n° 683. — L'opinion con-

était unanimement adoptée dans l'ancien droit. Nous n'hési-
tons pas à la rejeter. Elle se fondait sur un principe qui était
étranger à notre matière et que le Code n'a pas reproduit.
L'autorité de deux lois romaines faisait décider qu'un cohéritier devait associer ses cohéritiers à tout bénéfice par lui
retiré de la succession, même perçu à l'occasion de la succession. Ces lois, disait-on, n'avaient été abrogées nulle part.
Elles le sont virtuellement aujourd'hui. Si nous devons suivre
l'ancienne jurisprudence, c'est quand nous avons à déterminer la nature, les effets propres du retrait, ce n'est pas pour
régler les rapports des cohéritiers entre eux. '

37. — Le danger de l'assimilation entre le retrait successoral et les anciens retraits se manifeste quand il s'agit de
savoir si l'exercice du retrait opère une espèce de novation
par changement de débiteur, fait du retrayant le débiteur
unique du cédant à la place du cessionnaire retrayé.

Nous avons déjà examiné cette question à propos du retrait
de droits litigieux (1). Malgré les graves autorités qui se pro-
noncent et les forts arguments qui sont produits pour la libé-
ration du cessionnaire (2), nous avons pensé et nous pensons
qu'il demeure tenu, que le retrait s'opère entre lui et le
retrayant, qu'aucun rapport direct ne s'établit par l'effet du
retrait entre ce dernier et le cédant (3).

Nous ferons seulement observer que cette opinion n'eût pas
été même ébranlée, si des jurisconsultes modernes n'avaient
songé à faire revivre les règles abrogées des anciens retraits
pour les appliquer à un droit qui n'a de commun avec ceux-
ci que le nom (4).

traire a été soutenue par Merlin seulement (Quest., 1° Retrait succ.), parce
qu'il écrivait sous l'empire des idées anciennes.

(1) Du retrait de droits litigieux, n° 104.

(2) M. Labbé, l. c, n°° 6-11. — M. Mourlon, l. c — Chabot. l. c.,
n° 24.

(3) M. Brives Cazes, Revue de législation, 1851, t. 1, p. 69 et suiv. —
MM. Aubry et Rau, texte, p. 328 et note 41; — M. Demolombe,
n°° 143-145. — Bordeaux, 24 juillet 1850 (D. P. 55, 7, 214). — Civ.,
cass., 7 janvier 1857 (D. P. 57, 1, 81).

(4) M. Mourlon, n°° 43 et 44, constate seulement que les précédents
laissent la question indécise et en cherche la solution rationnelle. Il ''

38. — IV. Le retrait peut-il être exercé, non par un cohéritier, mais par un des copartageants, après la dissolution de
la communauté, par un des associés, après la dissolution de
la société? Nous répondrons négativement, malgré les
art. 1176 et 1872.

On a remarqué justement que ces deux articles même, renvoyant au titre *Des successions*, l'art. 1476, « pour tout ce qui
concerne ses formes (celles du partage), la licitation des im-
meubles quand il y a lieu, les effets du partage, la garantie
qui en résulte et les soultes, » l'art. 1872, pour « les règles
concernant le partage des successions, la forme de ce partage
et les obligations qui en résultent entre les cohéritiers, » ne
s'occupent du retrait ni implicitement ni expressément, que,
d'autre part, l'art. 841 prévoit exclusivement l'hypothèse
d'une vente de droits *successifs*.

Deux objections peuvent être faites : l'une, c'est que l'ancien droit avait pensé à cette extension, certains jurisconsultes
reconnaissant à tout copropriétaire par indivis le même droit
qu'à un cohéritier; l'autre, c'est que, le retrait successoral
étant fondé sur l'assimilation des droits non liquidés aux
droits litigieux, les copartageants, après la dissolution d'une
communauté ou d'une société, doivent être traités comme les
héritiers, après le décès du *de cujus*.

A la première objection nous répondrons que les jurisconsultes ont donné leur décision en passant et que les
arrêts ne l'ont pas consacrée. Cette décision eût-elle été
généralement admise, les souvenirs de l'ancienne jurisprudence ne pourraient l'emporter sur le texte même du
Code.

La seconde objection nous fait voir une fois de plus à quel
danger on s'expose en méconnaissant la tradition historique
et la pensée fondamentale de la loi. Que l'assimilation des
droits non liquidés aux droits litigieux ait fait admettre la
subrogation à l'achat d'une part héréditaire, il est vrai; mais
le fondement de cette subrogation changea promptement : ce
fut le désir de protéger les secrets des familles qui fixa la
urisprudence; on peut y ajouter la pensée de maintenir en

cependant, n° 57, argument d'un rapprochement entre l'art. 841 et un
numéro de Pothier sur les *Retraits*.

présence, soit des parents, soit au moins les ayant-cause d'un auteur commun. Le Code a voulu reproduire l'ancienne jurisprudence, le fondement du retrait successoral n'a plus changé, le retrait doit être restreint aux successions (1).

Il est trop évident qu'on ne saurait tirer argument des rares coutumes qui avaient organisé sous différents noms un retrait d'indivision. La disposition exceptionnelle qu'elles contenaient ne saurait être reproduite aujourd'hui, pas plus qu'elle ne devait être généralisée autrefois.

39. — Le retrait successoral n'avait été autrefois ni admis par tous les parlements ni approuvé par tous les jurisconsultes. Le conseil d'Etat l'a laissé passer sans opposition. Mais il n'en a pas été critiqué moins vivement depuis qu'un texte précis en a rendu l'application obligatoire et générale. Sans doute la liberté des conventions avait été reconnue et proclamée par les rédacteurs du Code, comme par tous les législateurs. Mais ils ne s'étaient fait aucun scrupule de la restreindre, quand ils en avaient trouvé des prétextes spécieux. Aujourd'hui on comprend mieux que le droit individuel et l'intérêt public prescrivent de la respecter. L'économie politique n'a pas en vain réclamé pour elle. La science et le bon sens paraissent d'accord pour faire disparaître des restrictions trop peu justifiées. Enfin la liberté civile a profité de ce que certaines personnes tenaient à passer pour aimer au moins une liberté. Les raisons invoquées jadis contre le retrait successoral ont donc été reproduites. La plupart des auteurs qui commentent l'art. 841 commencent par le critiquer (2). Cet article

(1) M. Demolombe, n° 92. — MM. Aubry et Rau, texte, p. 328 e note 43. — D. A., v° Succ., n°s 1869 et 1870. Les différences morales entre la situation des cohéritiers et celle des associés sont développées dans un arrêt de Paris, du 7 juillet 1836. — En sens contraire, Vazeille, n° 26.

(2) MM. Aubry et Rau, l. c., note 13. — M. Demolombe, l. c., n° 11. — Toullier, n° 436. — Surtout M. Batbie, l. c. — On ne sera pas étonné de rencontrer parmi les adversaires du retrait successoral M. Acollas, Manuel de droit civil, t. 11, p. 266 et 272. — M. Huc, *e Code civil italien et le Code Napoléon*, 2e éd., t. 1, p. 232, approuve l'abolition du retrait successoral par les rédacteurs du Code italien, quoiqu'il approuve la résolution qu'ils ont prise de maintenir le retrait litigieux (p. 278). — Le retrait successoral est défendu par M. Doublet, l. c., p. 109.

retire à deux parties le droit de conclure une convention
solide et définitive, puisqu'il permet à un tiers de la faire
tomber après coup, malgré l'opposition de l'une et de l'autre.
Par voie de conséquence, il porte une atteinte sensible, quoiqu'indirecte, à la liberté du propriétaire en même temps qu'à
celle des contractants; il paralyse entre ses mains le droit de
disposer, en le réduisant à l'exercer dans des conditions désas-
treuses : les droits successifs ont un certain caractère aléatoire,
leur valeur ne pouvant être connue avant la liquidation; à
cette première chance, que crée nécessairement la nature des
choses, le législateur en ajoute arbitrairement une seconde,
celle du retrait; c'est aussi une seconde cause de dépréciation
qui s'ajoute à la première. L'avilissement factice du bien ne
permet plus au propriétaire d'en disposer, comme il en aurait eu la faculté sans l'intervention du législateur, amenant
l'intervention éventuelle d'un tiers dans son marché.

La dérogation à ces deux principes, la liberté des conventions, le droit de propriété, est certaine. Est-elle justifiée?
Deux motifs ont été allégués : Il faut garantir les secrets des
familles : il faut écarter les spéculateurs. Quant au premier, on
a remarqué depuis longtemps « qu'il ne paraît pas péremp-
toire, car bien des étrangers ont le droit de se présenter au
partage, sans qu'il y ait aucun moyen de les en écarter : le
mandataire, par exemple, d'un cohéritier; ses créanciers,
qui ont la faculté d'y intervenir, et dont l'intervention est
même inévitable, lorsqu'il est en déconfiture ou en faillite (art. 882) (1). — « Si l'intérêt est assez grand pour garder
le secret, dit M. Batbie, pourquoi le retrayant ne serait-il pas
tenu de rembourser la valeur intégrale, au lieu de donner
seulement les déboursés?... Quant au secret de la liquidation,
il est presque sans exemple que des sacrifices aient été faits
pour le garder. »

Le second motif est-il meilleur? M. Batbie dit encore :
« Pourquoi considérer le cessionnaire de droits successifs
comme un spéculateur avide qu'on peut frapper sans ménagement comme s'il était en dehors de tout droit? Ce cessionnaire peut rendre de grands services. » Pour nous, il nous
paraît certain que le cessionnaire sera ordinairement un spé-

(1) M. Demolombe, l. c.

culateur. D'une part, on n'achète pas à forfait des droits dont l'émolument est actuellement incertain, sans une pensée de spéculation : d'autre part, l'expérience a montré quelles personnes acquièrent habituellement des droits successifs et si c'était le désir de rendre service au cédant qui les poussait à cette acquisition. Ni le jugement porté sur ces acheteurs, ni la crainte de leurs procédés vexatoires ne sont dénués de fondement.

Mais il ne suffisait pas de considérer la situation du cessionnaire, si l'on n'embrassait en même temps et celle du cédant et celle du retrayant. Or, le cédant n'a-t-il pas, en tout cas, le droit de vendre ce qui lui appartient? De plus, dans la plupart des hypothèses, ne peut-il pas y avoir un intérêt légitime? Tantôt il sera éloigné du lieu où s'est ouverte et où doit se liquider la succession, tantôt il aura besoin d'argent et ne pourra pas attendre les longues opérations du partage, tantôt enfin, et cette dernière hypothèse préoccupait singulièrement Bannelier, il aura en face de lui des cohéritiers de mauvaise foi, puissants ou riches, qui voudront abuser de sa situation précaire pour faire faire le partage à leur avantage : qui sait même, le retrait étant institué par la loi, si ces derniers n'auront pas la pensée de le contraindre à une vente pour exercer cette faculté? D'un autre côté, est-il moral de laisser au cohéritier du cédant le choix entre l'acceptation de l'étranger comme copartageant et le retrait? C'est lui fournir le moyen de gagner à coup sûr. Il ne se prévaudra de l'art. 841 que s'il y trouve son avantage pécuniaire (1). Rappelons que le retrait peut être exercé jusqu'au partage terminé, même après les opérations commencées et poursuivies avec le cessionnaire, quand celui-ci aura été immiscé à toutes les affaires de la succession, quand il n'y aura plus aucune incertitude sur l'émolument de la part héréditaire à lui vendue.

N'est-ce pas d'ailleurs une illusion que de considérer les héritiers comme portés à des concessions mutuelles? N'est-ce pas une erreur que de vouloir, à tout prix, les maintenir en présence?

Enfin, si la dérogation aux principes n'est pas suffisam-

<hr>

(1) M. Batbie, l. c.

ment justifiée, il faut reconnaître que le législateur n'a même pas atteint son but. Il n'a pu assurer l'exercice du retrait, parce qu'il n'a pu déjouer, ni donner aux juges le moyen de déjouer toutes les fraudes des contractants, la cession dissimulée sous la forme d'un mandat, la vente dissimulée sous l'apparence d'une donation. Il n'a pu prévenir les procès, car l'existence du retrait devait en faire naître beaucoup, et la rédaction incomplète de l'art. 841 en a encore augmenté le nombre.

Le système que nous avons proposé, par respect pour la pensée fondamentale du Code et pour la tradition historique, a l'avantage de diminuer les cas où s'applique l'art. 841. Est-ce au moment où le retrait successoral est critiqué le plus sévèrement qu'il faut lui donner le plus d'extension?

Nous avons dit comment il s'est introduit, à quelle confusion il a dû son origine, quelle incertitude a régné sur les motifs de l'admettre, de le conserver, de l'étendre. Ce n'est pas là une institution créée, soit conformément à un vœu unanime, soit à la suite d'une réflexion profonde, pour donner satisfaction à un droit, à un intérêt incontestables.

Paris. — Imprimé par Charles Noblet, rue Soufflot, 18.

IMPRIMÉ PAR CHARLES-NOBLET, RUE SOUFFLOT, 18.

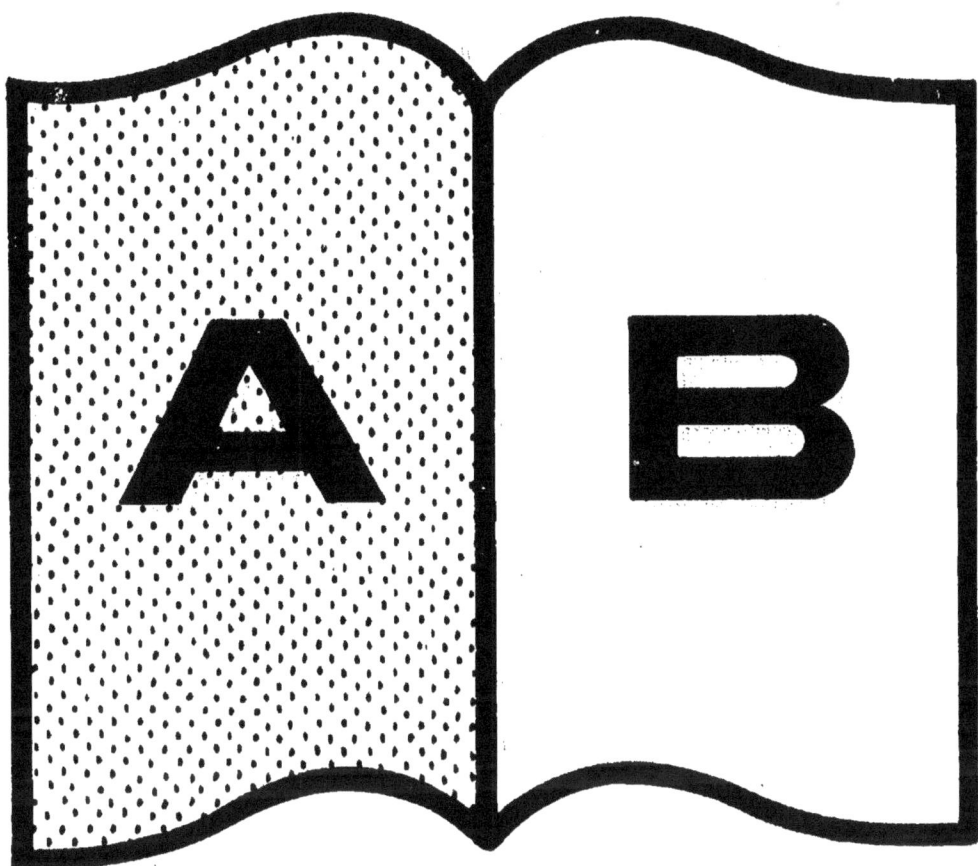

Contraste insuffisant

NF Z 43-120-14